솔숲, 정자 하나

시에시선 **087**

솔숲, 정자 하나

구재기 시집

詩와에세이

시인의 말

할 말이 많은데
입 밖으로 나오기가
여전 어렵기만 하다

기다리기
지쳐가도록
할 말은 매일매일

자꾸
늘어만 간다

2024년 10월
산애재(蒜艾齋)에서
구재기

차례__

시인의 말 · 05

제1부

파문 · 13
솔잎 끝에 · 14
강물의 길 · 16
벌들 사이에는 · 18
묵도 · 20
작은 나무의 뿌리 · 22
물 발자국 · 24
패각(貝殼) · 26
절정 앞에서 · 28
곡선의 향기 · 30
은행알들 · 32
천태산 은행나무 · 33
꽃무릇, 불꽃을 피우다 · 34
태산목 꽃을 기다리며 · 36
겨울나무 한 그루 · 38
마지막 거처 · 40
폐월(閉月) · 42

제2부

별을 기다리며 · 45
시새우는 밤 · 46
햇빛 사냥 · 48
안팎 · 50
도장공(圖章工) · 52
인연론 · 54
구절초 · 55
솔숲, 정자 하나 · 56
봄날 아침 · 58
먹감나무를 꿈꾸며 · 60
고운 매듭 · 62
산수유 · 64
보드기 · 66
으름, 속살을 보이다 · 68
감을 따내리며 · 70
전지를 하고 나서 · 72
아침을 위하여, 이둠은 74
새순이 돋고 있는 감나무 가지에 달이 매달렸어요 · 76

제3부

겨울바람 · 79
입춘맞이 전 · 80
낙엽 · 82
무제(無際) · 83
푸른 잎들 · 84
시가, 과연 · 86
밤비 · 87
매미 울음소리 · 88
질경이 1 · 90
질경이 2 · 91
댕강나무꽃 향기 · 92
질경이 3 · 94
장마 · 95
구렁목 바람맛 · 96
큰비 · 98
진보적인 밥상 · 100

제4부

어둠 속의 별 · 103
한가위 전날에 · 104
늦가을 오후 · 106
꺼진 폰 앞에서 · 108
사독(肆毒)한 새싹 · 110
옻순을 먹으며 · 113
겨울 연방죽에서 · 116
다시, 겨울 연방죽에서 · 118
가을날에 · 120
헛된 모양 · 122
가량(假量)도 없다 · 124
가증한 허세 · 126
혼밥의 아침 커피 · 128
낙화를 바라보며 · 130
굴향기 · 132
추어탕을 먹으며 · 134
가붓한 나무 · 137
명견 사모예드 · 138
남은 잎 · 140

시인의 산문 · 141

제1부

파문

물가의 나무는
조금씩 슬퍼졌다
자꾸만 흔들리는 제 모습에
마냥 슬퍼졌다
햇살 눈부신 아침이 오자
물낯으로 떨어지는
나무의 굵은 눈물
물낯으로 끊임없이 번지는
그 눈물의 파문
햇살이 먼저 흔들렸다
하늘도 구름과
함께 내려와 흔들렸다
온 세상이
한곳에 퍼져
모여, 어른어른
물가의 나무와 함께
파문을 일궈댔다

솔잎 끝에

솔잎 끝에 물방울 하나,
매달려 있다
햇살이 꿈틀거릴 때마다
바람을 맞은 듯 출렁인다

지난밤의 어둠이
몸부림 끝에 물러난 뒤
이리도 영롱한 날빛을 이루었는가

사랑이여, 사랑처럼
이별한 뒤의 아린 사랑처럼
겹겹이 포개어진 슬픔은
다 지나고 나면
모두 다 햇살처럼 출렁이는 것

푸른 오월의 보리밭
구름 벗어나 겹쌓인 뒤에
저리도 빛나는 햇살 아니겠는가

지난밤 내내
바람 지난 이른 아침
솔잎 끝에 물방울 하나
품은 햇살로 출렁이고 있다

강물의 길

늦가을 오후
강물이 흐른다
흐르는 강물에는 길이 있다
처음부터 길이 있었던 것은 아니다
좁은 골짜기를 지나
점점점 가슴이 넓어지는 동안
가지 끝에서 떨어지는
나뭇잎을 하나둘… 받아내면서
길을 깨달은 지 오래다
길을 깨달으면서
말을 조금씩 아끼기 시작하고
길 따라 흐름만 이어가고 있다

흐르는 강물에는
하늘이 내려와 잠기고
독야청청 소나무도 몸을 담근다

강물 속에서는

나무도 산도 하늘도 제자리인데
떨어진 나뭇잎이나
구름은 여전히 흘러내린다
몸을 흔들어 대며 뒤틀며
가히 얻은 것도 아닌 길을
자꾸만 바꾸어 나간다
살고 죽는 일도
고요에 이르러서야 바뀌는 것
길은 본래 없었던 것이니, 강물이
고요로 흐르는 게 아니겠는가
늦가을 오후, 오늘도
강물은 흐름으로 길을 이어간다

벌들 사이에는

한 마리의 벌이
제 집에서 날아간다
한 마리 또 한 마리……
제 몸의 무게만 한 무게로 날아온다
그토록 많은 벌들이 한 집으로
날아가고 날아오는 동안
추돌이라거나 충돌이란 있을 수 없다
일방통행도 역주행도 없다
많은 사람들은 수많은 벌들을 보고
'벌떼처럼'이라면서 걱정들 하지만
이 얼마나 좁고 어리석고
치우쳐 살아온 버르장머리인가
벌들은 길을 오가는데
다른 길을 엿보지도
탐하지도 않는다, 하는 일에
서로 경쟁하거나 다툼하는 일도 없다

벌은 모여 있으되

여럿이라도 떼를 모른다
떼를 이루어 억지를 부리지 않는다
집안에서나 일터에서나
오고 가는 길에 부지런할 뿐
서로가 하는 일, 모두 각자 한 마리로
벌들 사이에는 '떼'라는 말이 없다

묵도

저수지 가로 걷다가
왕버들을 만났다
왕버들 무리를 만났다
무릎에 이르기까지
물속에 담고 있는
굵은 줄기에
그늘까지 웅장하게 거느린 나무들
온몸은 자꾸만 젖어드는데
갈라 터져버리는 살가죽을
물낯에 비춰보며
견디어 온 긴 세월의 흐름을 읽어댔다
아무리 맑은 물이래도
뿌리만은 감춰 두고 있는
왕버들의 고요한 마음자리
물낯 위로
잎 하나 툭, 떨어지자
굵은 제 몸집이
제 작은 잎 하나에도

끊임없이 흔들리고 있었다
그대로 세상이 흔들리었다
고요를 지니면서
긴 세월을 살아온 것이
순간의 흔들림에
여지없이 무너질 수 있다는 것
그에도 미치지 못하다는 것
왕버들 무리들은
물낯에 입을 맞추고는
고요로이 묵도를 올리고 있었다

작은 나무의 뿌리

이 세상에
태어나기 이전
난 작은 나무의 뿌리였다
그래, 거치적거려 방해받거나
어떠한 일에도
가능 못하지 않았다
바람이 불어와도 난 흔들리지 않았고
눈보라가 쳐 와도
추위에 떨어본 적 없었다
언제나 두 눈에는
사람이 사람으로만 보이고
예쁘게도 보이고 밉게도 보였다
그러나 지상에 내린 빗물이
조금씩 스며들어
마침내 내 가슴을 적시었을 때
예쁘고 밉고가 전부가 아니었다
보이는 것은 모두 가상의 것이었다
겉으로 나타나 보이고 있는

헛되고 거짓된 모습
그러고 보니 난
언제나 흙 속에 묻혀
내가 본 것은 깜깜한 어둠 속
아무것도 보이지 않는 곳에서
흔들림 없이 편안한 자리
한세상 만난 것이
또다시 어디에서 만난다고
전혀 보장할 수 없다는 것을 알았다
믿을 만한 것이
사실 전혀 아무것도 없었다
눈에 보이지 않는 것은
어느 것이나 믿음이 없는
믿을 수 있는 것은 하나도 없었다

물 발자국

곰솔밭과 바다 사이
백사장에서 흩어진 마음을 찾을 수 있을까
이른바 참선(參禪) 같은 것
전혀 중단이 없는 물결이
그냥 밀려왔다가 밀려가고 있는
이 지상의 한 켠
어디에서 이야기의 말머리를
찾아낼 수 있을까
완전히 하나가 되어 나눌 수 없는
바다는 바람에 날아가기라도 할듯
자꾸만 몸을 흔들어 댄다
누구든 마음에 중요하게 여겨
생각할 거리가 되지 않는다
망상은 죽 끓듯 끓고 있는데
어떻게 말머리를 안다 할 수 있는지
고개를 숙이는데
아, 물결이 지난 자리에
깊숙이 새겨져 있는

물 발자국, 이것은 분명한 업(業)이다
지워지지 않는 말머리의 생명이다
설명하지 않는데 있는
또 설명될 수도 없고
설명해도 아무 소용이 없는
스스로 눈을 떠서 실제 보게 해주는
영생(營生)의 물 발자국을 본다

패각(貝殼)

이승과 저승으로
굳이 편을 가른다면
어느 것이 안에 있는 것이고
어느 것이 안에 없는 것일까
생(生)은 눈앞에 보이는 것이라면
사(死)는 단 한 번 본 적도 없는데
어이 편을 가를 수 있겠는가
크고 작고, 높고 낮은 것
비뚤어지고 못 생기고
쓸모없는 것들까지
무용지용(無用之用)으로 알아야 할까 보다
때로 갈대 구멍으로
하늘을 보는 어리석음에서 벗어나
때 묻은 그릇을 부셔버리고
이글거리는 불가마에서
새 그릇을 구워낼 수 있을 게다
그러나 지금
늘 바라보는 허공이라지만

텅 비어 있어 어떻게 살필 겨를이 없다
이승과 저승 사이 발걸음이
모두가 한 뿌리처럼
전부가 하나고 하나가 전부라는 생각에
허공을 닮아 살아갈 일이다
안에서 일어날 수 있는 일이
밖에서도 일어날 수 있도록
허공을 가득 채워가면서
모래 위로 떠밀려 나뒹굴다 보면
굴욕처럼 편을 가르지도 못하던
패각 하나, 마침내 산화(散華)를 시작한다

절정 앞에서

언제나 제일 먼저
댑싸리처럼 우짖던
개구리 소리가 사라졌다
속뜻은 알고 모르고 여부를 떠나서
적막의 순간, 후드득이는
빗방울 소리로 넘쳐흘렀다

아주 짤막하면서도
아주 깊은 신앙심을 불러일으키듯
당연히 간직한 뜻은
전혀 알아볼 필요도 없었다

한 사랑을 두고
왜 그렇게
여러 가지 이름으로 불러댔던가

함부로 부르는 것조차
불경스럽다더니

나의 사랑은 끝내
아픔으로 상처로 부풀어 올랐다

두 눈 두 손으로는
다시 살필 수도 없고
어루만져 주기도 모자라지 않았던가
한마음으로 지극하게 부르다가
나의 사랑은
거침없이 절정으로 치닫고 말았다

곡선의 향기

어두운 새벽에
굽은 길을 걷는다
바람은 아주 부드럽다
걷는 길은 직선이 아니라
곡선, 바람 속에
부드러운 향기가 있다
곡선의 향기
그렇다, 똑바로 마음을 가려
곧은길로만 가야 한다는 말은
수정되어야 한다
떠 있는 구름은
본래부터 서 있을 곳이
없었던 것, 길가 샘물에 들어
몸을 씻고 있다
아무리 깨끗한 물이래도
흐린 물을 씻어내다 보면
절로 흐려지는 것
내 마음이 아닌 것은

언제나 흔들려 흐려진다
바람에 흔들리는 나무
그림자도 따라서 흔들린다
곡선으로 가는 길
곁에 선 돌부처 하나
어둠을 벗어내며 서 있다

은행알들

천 년 은행나무
가지에서 벗어나

하나하나 낱개로
은행알들 굴러다닌다

부럽구나, 저,
완전한 자유 알갱이들

천태산 은행나무

천태산 은행나무엔
주맥(主脈)이 없다
그래서, 가지와 가지 사이
주종(主從)이 없다

거친 가을날
가진 거 다 버리고
아무 얼음도 없는 것은
마치 저 가난한 사람과 같다

빈 가지마다
부챗살을 펼치듯이
상하(上下) 없이 바람 일어
법문(法問) 하나씩 내려놓는다

꽃무릇, 불꽃을 피우다

무엇을 하면서
무엇을 꿈꾸지도 마세요
보이지 않는 것뿐이지
보지 않는 것뿐이지
다가오지 않는 것은 아니잖아요
짙은 어둠 속으로 내리는 비
그치지 않는 소리가 들려오네요
이쯤에서, 이 자리에서
자꾸만 찾아 나서게 되는 것
무엇일까요, 어둠은
아무리 꽉 차 있다 해도
사실이 믿어지지 않는 것이잖아요
무엇인가 되려 하지 않고
다함이 없이 행하고
할 것 다하면서 다함이 없는 것
이루어질 수 없는 사랑
찾아 나서기로 해요

이제까지
우리의 불꽃은
넉넉하지 않았던가요, 꽃무릇
활활, 불꽃을 마구 피워대잖아요

태산목 꽃을 기다리며

이른 아침
찬물에 얼굴 씻고
닭이 알을 품듯
앞생각과 뒷생각을 이어간다면

태산목 꽃 한 송이 피어날까

흰 구름 흘러가다
샘물 안에 들어 쉬어가듯이
고요한 마음을 단정히 하고 나면
태산목 꽃 한 송이 향기로 피어날까

하루의 시간들이
뜨거운 향로처럼 불타오르고
산 넘고 강 건너
풀 한 포기 나지 않는 사막을 지나
퉁퉁 부어오른 발등을 주무르다 보면

한밤 내 짓고 받은 것들
한순간의 생각과 생각으로
은하처럼 잘 이어간다면
너른 잎에 반짝이는 달빛처럼

태산목, 꽃과 향기를 어름할 수 있을까

생각은 여전히
다른 생각을 이어
새벽달을 보내면서 아침을 맞고
아침은 다시 뻐꾸기 소리로 열리고

겨울나무 한 그루

키 큰 겨울나무 한 그루
하늘에서 내려박힌 기둥처럼
꼿꼿하게 서 있다
마을 한가운데
작은 나무들도 덩달아
꼿꼿하게 허리를 펴고 있다

제 삶을 제 스스로
배우고 익힌 거룩한 모습이다
살아온 길이 비록 먼 곳이라도
원근을 가리지 아니하고
조심조심 이름을 가늠하는 몸짓으로
지극 정성 관계한 설법처럼
굶주려 울음 있는 새들에게
작은 가지 하나 하나씩 내어주고

한때 탐욕에 뒤틀린 날들을 참회하고
가진 것 모두 놓아버린 채로

매운바람을 묵묵히 견디어 내며
다스리고 살펴 이룩한
저 청정하고 당당한
알몸의 해탈

우듬지 끝에 흰 구름을 두르고
흰 구름 사이 언뜻언뜻 보이는
푸른 하늘, 그 너른 그림자 아래
가지가지 몸과 말과 뜻으로
떨어뜨린 잎을 모두 모은다
그때그때에 따라 쉽고 편하게
살아갈 수 있는 수단과 방편으로
조용히 제 뿌리를 덮는다

마지막 거처

잡초가 뽑히고 있다
야생화의 향기와 색깔 속에서
거칠고 날카로운 이름이 걸러지고 있다
차이됨이 없이 똑같은
각각 다른 것이 아니라, 하나로
뿌리 내린 야생화 사이사이에서
'잡초'라는 아픔으로 마냥 뽑히고 있다
앗기는 땅, 그러나 아직은 완전히는
앗기지 않은 땅에서
노예처럼, 전리품처럼 가려지는 잡초
본디 야생화와 한 속[屬]인데
한바탕 한자리에서
잡초는 지금
어디로 끌려가는 것인가?
맨 처음 가졌던 이름도 잃고
이제는 낯선 이름, 한 슬픔이 된
야생화를 뒤로한 채
마지막 거처인

뿌리에 움켜쥔 흙 한 줌
분노마저 몽땅 털려나가고 있다

폐월(閉月)

산애재에 다녀간 시인에게
자줏빛 큰꽃으아리가
무리 지어 핀 모습을
사진으로 보내 주었더니
너무 아름답다며
제가 갔을 때에는 아직 필 때가
아닌 것 아니냐고 물어
아직 필 때가 아니어서가 아니라
시인의 모습이 너무 아름다워
차마 그 앞에서 필 수 없었을 것이라고
답을 보낸 날 저녁
산애재 뜨락에 나가 보니
이게 무슨 일인가?
보름날 밤이었음에도 불구하고
활짝 핀 으아리꽃에 달이 부끄러워
구름 뒤에 모습을 가린 채
영영 벗어날 줄 몰라라, 했다

제2부

별을 기다리며

차마
만나기 어려운
밖으로 내비치어 나타나는

가지각색 하늘 구름옷으로
장엄하기 비길 데 없는
저 허공

걸림 없는
발걸음으로
어이 내닫을 수 있을까

얼마 후에는
별이 많아질 터인데
어느 별을 먼저 보아야 할까

시새우는 밤

가을입니다
풀벌레 울음소리가 깊어가는
가을입니다 어둔 밤입니다
달아난 잠을 부르며
창밖 능금밭을 바라봅니다
멀리서 자동차 불빛이
어둠을 뚫어가고 있습니다
뒤따르는 어둠이
자동차를 자꾸만 따라가며
한량없이 되살리고 있습니다
능금밭이 잠시 나타났다가
사라집니다 어둠이 어둠을 불러
깊어지는가 봅니다
문득 능금알 하나 툭,
떨어지는 소리가 들리는 듯합니다
어둠 속에서는 대낮의 어떤 소리보다
크게 들리기 마련인데
스치는 듯 마는 듯 희미합니다

이럴 때 풀벌레는 노래보다
울음에 익숙해지는 듯합니다
풀벌레 울음이 점점 높아집니다
아무래도 오늘 밤에는
깊은 잠보다는
편안한 밤으로 시새워야겠네요

햇빛 사냥

능금나무에서
한 알의 능금알로
미처 다 익지 않은 것들은
햇빛 사냥을 시작한다
울 안 멍석에 둘레둘레 둘러앉아
햇살을 모으고 모아
점점 더 붉어가는 고추를 바라보면서
엉큼한 미소를 흘리다가
바람 한줄기를 만나면
능금알들은
바람에 실린 햇빛까지도 사냥한다
청청청 가을 하늘이 살아서
지상은 죄 없는 천국
가장 아름다운 날을
붉은 기억의 흔적으로 남기기 위하여
미처 다 익지 않은 능금알들은
멍석에 동그마니 앉은
햇빛 한 잎까지도 사냥한다

천국 최초의 범죄를 빚는다

안팎

아기가
발자욱을 만들고 있습니다
한 발자욱 한 발자욱
만들어 갈 때마다
온 방안에 웃음이 가득합니다
밖에서는 빗소리가 요란합니다

방안의 웃음소리가
밖으로 나가면서 사라지고 있습니다
잘 들리지도 않습니다

아기는 그만
몇 발자욱 만들어 가다가
텁썩, 제자리에 주저앉기도 합니다
그때마다 안타까운 소리가 울립니다
밖에서 내리는 빗소리가
잠시 방안을 울리기도 합니다

방안의 웃음소리는
밖에서 잘 들리지 않지만
밖의 빗소리는 방안에서도 잘 들립니다

도장공(圖章工)

도장을 파고 있는
사람은
곁눈질할 틈이 없다

도장을 팔 때는
어떤 경우든 고개 돌려
은근슬쩍 엿보는 일도 없다

새끼에게
젖을 물리고 있는
괭이 콧수염 같은 눈빛을
칼끝에 심어 내리고

한겨울의 햇볕으로
등때기를 덥히고 덥혀
차디찬 돌낯에 차곡차곡
온기를 불어넣다 보면

굴레와 고삐로
묶여 있던 갖가지 근심도
퍼뜩 새로 태어나듯이

고층 건물 밑
해바라기 삿자리도
번듯한 제왕의 자리가 된다

인연론

무엇인가를
잘못 보고 있다면
내 마음은 이미
내 몸속에 갇혀 있게 된다

한 그루 나무에
뿌리가 저기에 있고
여기에 있는 것 아니듯이

지금 헤매고 있는,
무언가에 묶여 있는
굴레를 다 풀어버리고

마음대로
할 수 없는 생각에
한도 끝도 없이
내 몸은 지금 어디에 묻혀 있는가

구절초

아무도 훔쳐갈 수 없다
누구에게도 빌려줄 수 없다
오직 내 것으로만 만들 수 있는
우주의 실상을
과연 깨달을 수 있을까
모든 아픔에서 벗어나도록
몸을 아홉 번은 꺾어야
아홉 마디의 꺾은 상처로
생의 절정에 다다를 수 있는 것
바람 지나는 동안
크다거나 양이 많은 것도 아닌
향을 뿜어내어
생을 다할 수 있는
변제(辨濟)란 있을 수 없다
과연 얼마나한 삶이었는가
알아보도록 하는 지금,
아홉 고개 위에 선
나, 절정에 멈추어 있다

솔숲, 정자 하나

어느 쪽으로도
몸을 움직일 수 없는데
어디에선가 솔바람 한 줌 다가왔다
이 생각 저 생각에서 벗어나지 못한 채
하루하루를 사는 것
지금 어디서 와서
무엇 하다가 어디로 가고 있는지
발걸음을 멈추고 생각에 젖어들다 보면
아파트를 울타리로 하고
솔숲에 내려앉은 솔 그림자에
솔잎이 하나둘, 온전히 밟히고 있다
솔숲의 정자 하나, 한밤의 달빛으로
그림자를 내려놓고 있다
솔솔 피워 올리는 솔잎 향기
이제는 일상처럼 들려오는
친구들의 사망 소식에 향불을 피워 올리듯
숨가쁘게 살아왔던 지난날들을
다시 한 번 생각해 보면

이름처럼 이름하며 살아가기가 그리도 어렵다
솔숲의 정자 이름은
당연지사, 제 이름값으로 하는
월송정(月松亭)
한참을 앉았다가 다시 일어나
초심으로 돌아가려는데
새로 태어나는 길은 보이지 않고
아파트에서 새어 나오는 불빛에
솔숲 솔나무 솔잎 위에서 반짝이던
달빛 하나, 시리도록
곱게 단장을 하고 있다

봄날 아침

햇살 속에는
일정한 방식으로
행동하도록
이끄는 요인이 숨어 있다

분노가
일어날 때마다
생과 사를 반복하는
나를 지키는 순간이게 한다

순전히
내가 나를
끝도 없고 바닥이 없이
받아들여지지 않으려는 찰나

흙 속에서
옴[來]도 감[去]도 없던
햇살 속 수선의 어린 싹이

처음처럼 탈 없이 온전해진다

먹감나무를 꿈꾸며

고속도로 타고
국도를 달려 지방도 벗어나
비로소 군도(郡道)에 안겨 산애재에 든다
참 멀리도 달려왔구나,
바람을 가르며 터널을 뚫고
댐 물결에 타는 낯을 씻어내도
얼굴의 주름은 또 하나씩 깊어간다
저녁 해에 여린 잎을 반짝이며
바람을 움켜쥔 늙은 감나무가 반긴다
이제는 오월, 계절도 무르익을 무렵
다른 나무들 이미 잎 다 돋우고 열매 키워가는데
나이에 어울리지 않게
좌르르 윤기 흐르는 새잎을 달고
어쩌면 저리 많은 꽃송이를 피워대는 것일까
어찌 저리도 많은 꽃송이에
여린 감 하나씩 앙, 물고 있다가
욕심 없이 떨어뜨리고 있는 것일까
아무런 망설임 없이

검은 속을 드러내고 있는 저 줄기 껍질
어느 사이 촘촘한 그물처럼
흑갈색으로 갈래갈래 헤갈라 터져 있다
아, 이제는 먹감나무로 살아가려는 것일 게다
내가 허기진 무릎을 달래며
내를 건너고 비틀비틀 고샅길을 넘으면서
햇살을 받을수록 양양거리며 살아오는 동안
몸속 깊숙이 먹물을 받아놓고 있는
저 늙은 감나무, 홀로 우뚝하니
짐짓 살아 있음으로 꽃을 피우다가
여린 결실을 가볍게 내던지고 있다
가장 큰 절정을 통째로 떨어뜨리고 있다

고운 매듭

하고자 하고,
되고자 하는 욕망에
살아가지 않을 수는 없을까
이 자리에서 무엇인가
찾지 않을 수는 없을까
하늘과 땅 사이
빈손인 바람이 살아 있는 걸 보면
물은 절로 흘러갈 양인데
어떻게 하면 아무것도
욕망하지 않을 수 있을까
세상을 바라보고, 보이는
얼굴에는 오뚝하니 솟아오른
코, 하루 일과 중에
수없이 분비되는 저, 코
진득진득, 한 올 한 올
눈마다 생겨나는
저 고운 삶의 매듭
굳이 맡지 않아도

향기로울 수는 없을까

산수유

골짜기
흐르는 물을 굽어본다
낮은 물소리가 가득하다

골짜기
좁은 햇살이 쏟아진다
빠르고 짤막하게 흔들린다

자주 일어서는 그리움처럼
맑고 깨끗한 영혼처럼
그렇게 흘러내리는
신의 선물

골짜기
설핏한 바람이 인다
꾸밈없는 향이 묻어난다

자잘한

산수유꽃
한결 홀가분한 몸짓이다

보드기

세상이 돌아가는 것에
신나도록 둔감하다
매스컴을 통해서 세상을 본다 해도
창밖을 먼저 보면
비는 억수같이 내리고 있다
세상을 살아가려면, 분명
무엇보다도 중요한 것이 있을 터인데
수리(數理)에 맞춰서
나열하듯 나에게 설명할 이유가 없다
누가 뭐라든 말든
운명이 나의 앞길을 막든 말든
쉽게 무너지는 것이
나의 일상사가 되어버린 지금
나는 나의 상처에
전혀 두려울 까닭이 없다
할 수 있다는 신념
하겠다는 각오를 하다 보면
바람은 절로 잦아들고

큰 나무의 그늘은
차라리 나의 온전한 휴식
살아생전 기어이 마치겠다는
어떠한 결심조차도
언제나 사장(死藏)되어 버리는
사치가 된다
창밖으로 비바람이 몰아치지만
나의 가슴 근처에는
얼씬조차 하지 않는다

*보드기: 크게 자라지 못하고 마디가 많은 나무

으름, 속살을 보이다

똑바로 몸을 돌려
맨 처음 태어난 자리 그대로
바로 바라볼 수 있으랴
이름과 모양에 마음하는 일
한지에 물이 스며들듯
아무려면 말할 것 하나 없고
가진 것도 없으면, 온갖
작은 바람결에도 쫓기지 않는다
무얼 그리도 잇달아
간직하려고 애를 쓸 것인가
저 음흉한 담자색 꽃숭어리
찐득한 기름에 절여들 듯
본디 지니고 있는 생김이 저러하런가
꽃의 향기는
지나는 바람을 잡으려 하지만
빛 좋은 꽃숭어리,
그림자를 멀리 두려 하지 않는다
그렇다, 향기 없다 하여도

꽃빛은 사라지지 않는다
깊고 그윽하더니
이리 사랑스럽고, 저리 곱살스러운
곱다란 꽃숭어리
이미 구속되지 아니하고
한 번 더 눈을 돌리고 보면
푸른 가을 하늘 밑의 시공에는
촉촉하니 혀끝으로 젖어드는
잘 익은 으름 하나
청초하고 해맑은 속살을 보인다

감을 따내리며

이미 치우친 마음
양변을 다 버려야만
한 마음 모을 수 있겠지만
이미 멀어진 입맛에는
어쩔 수 없다
입맛에는 이것은 좋고
저것은 나쁘다는
분별이 없다
다만 이것이 있을 뿐이다

분별이 있는 입맛이라면
이미 새롭게 길들여진 것들
이를 테면
망고스틴 살락 코코넛 람부탄 슈가애플 망고 바나나
용과 쏨오—포멜로 사포딜라 로즈애플 사과대추 잭프룻
바나나 귤 두리안
 같은 것들이 아니라
 눈앞에 나타난

감이 있을 뿐
그러나 막판까지 끌고 나가는 힘이 없다

이미 벗어나 있는 입맛에는
좋은 맛도
나쁜 맛도 없다는 것이지만
모든 치우친 마음
분별을 다 버려야만
한 마음으로 모을 수 있으련만
이미 멀어진 입맛임에랴
어쩌랴 싶기도 하다

전지를 하고 나서

본래부터
타고난 재주도 없는데
순전히 내 생각의 지음[作]으로
제멋대로 자라난 소나무 가지에
전지가위를 거침없이 들이댔다
좀 더 큰 가지는
예리한 톱으로 잘라내기도 하였다
하늘을 가린 가지가
보이기만 하면
생각할 겨를도 없을 정도로
가차 없이 잘라냈다
전지는 밖으로부터
안으로 들어오며 하는 것이지만
소나무 안에서 보아
하늘을 차단하던 가지들은
모조리 제거하였다
소나무 가지들이
쉽게 잘려 나갔다

마음은 스스로
알기 어려우며, 결국
스스로 마음을
끝내 보지 못하는 것 아니던가
다만 이적지 몰랐던 하늘이
전지당한 소나무 가지 사이사이로
구름을 거느린 모습까지도
송두리째 드러내주었다

아침을 위하여, 어둠은

어둠은 아침을 위하여
머물렀던 자리를 소리 없이 비워준다
머언 바다로부터, 혹은 동쪽 산마루에 올라
서서히 다가오는 아침을 기다렸다가
간밤 포근히 감싸 안았던 마을을
하나둘씩 보여주기 시작한다

악몽에 시달려 잠 못 이루었던
어린 새 새끼들을 흔들어 깨워
아침을 노래하게 하고
숲속 골짜기를 건너 뛰다가
어미 잃은 어린 노루 새끼 한 마리
맑은 이슬로 발걸음을 촉촉이 적셔준다

끝없이 용서하고 사랑하는 대원(大願)의 어둠

전혀 변함없이 흐르는 강물
부지런한 농부의 손길을 불러

메마른 들녘을 흠씩 적셔주고 나면
이리저리 생각할 수 없던 바람 한줄기
간밤, 길을 잘못 들었음을 능히 깨닫기도 한다

세상의 갖가지 모든 것
어느 한쪽에도 치우치지 않는 어둠
선덕(善德)을 쌓고 있음일까,
저녁이 오면 어디선가 어김없이 달려와
더 나은 존재로 새로 태어남도 없이
매일매일 다름없는 아침을 위하여, 어둠은
동네방네 포근한 고요를 요란히 깃들게 한다

새순이 돋고 있는 감나무 가지에 달이 매달렸어요

기왕이면
윤회하고 갈 것이 아니라,
금생에 가까스로 우연히 마주친 찰나
한눈팔지 말 일

어둠도 빛이 될 수 있다
새순이 돋고 있는
감나무 가지에 달이 매달렸어요

제3부

겨울바람

경주는 끝났다
홀로 떨어져 나와
거친 숨을 몰아쉬었다
가슴이 답답해서 터질 것 같고
팔 다리에서 힘이 빠져
그냥 쓰러져 홀로 누웠다
결국 완주라는 것은
외로움과 함께한다는 것
안도감에 취하는 순간
마지막에 불러낸
내적 시위

골목 구석진 곳에
가랑잎을 당차게 내몰던
겨울바람이 홀로 쓰러져 있었다

입춘맞이 전

백목련 꽃숭어리가
벙글기 시작하는 걸 확인하고 난 날 저녁
나의 정원은 어둠 속에서
환희에 가득 차오르고 있었다
철대문을 닫고
현관문을 닫고
거실로 들어오는 순간
내 정원의 환희가 어느 사이
거실을 거쳐 서실에 이르기까지
가득 차오르고 있었다

그날 밤 나는 어둠 속에서
어둠에 휘말려 버리고 말았다
어둠은 제멋대로 헤집고 다니면서
거실, 서실, 현관문을 열어젖히고
매서운 바람까지 데불고
우우우 밖으로 몰려 나가서
나의 정원을 마구 흔들어 댔다

이튿날 이른 아침
언제 그랬었느냐는 듯
어둠은 송두리째 사라져 버리고
눈부신 햇살이 가득한 나의 정원
백목련 꽃숭어리가
검붉은 빛을 감돌며
허공 가운데로 뻗은 가지 끝에서
마지막 표정을 짓고 있었다
내 정원의 환희가
미덥잖게 무너져 내리고 있었다

낙엽

그동안
흐르는 세월
잘 살아왔다고
종심에 이르도록 잘 견뎌왔다고
앞으로 남은 세월
내 뜻대로만 살아가라는
준엄한 하느님의 말씀

끝내 지고 있다

무제 (無際)

물을 물로
씻어낼 수 있을까
아픔이 아픔으로
고쳐질 수 있을까

아픔을
풀어내기 위해
절대 사랑하지 않기
사랑을 사랑하지 않기

*무제(無際): 넓고 멀어서 끝이 없음

푸른 잎들

푸른 연잎에
이슬이 가득 고이면
짐짓 고개를 숙여
지나침을 버릴 줄 안다

이른 아침
반짝, 햇살을 머금은
푸른 솔 이파리 끝에 매달린
이슬 한 방울, 그 찰나적 광휘(光輝)

살아서 맑은 푸른 잎들은
좁거나 넓거나
지나침에 미치지 않는데
고개를 숙일 줄 알고 있는데

나무 밑에 떨어져
누렇게 변해버린 이파리들
떨어지는 이슬을 가득 받아들고

제 몸을 흠씬 적시고 있다

시가, 과연

꽃 피워 반드시
씨알로 맺을 수 있을까
한 천 년은 사(辭)하고
한 십여 년 지나서라도
싹 틔워 꽃 피울 수가 있을까

연(蓮)은, 연 열매처럼
내 시 중 어느 한 편이라도
흙속에 묻혔다가
다시 태어날 수 있을까
연처럼 꽃 피워낼 수 있을까

밤비

밤비는
어둠으로 소리한다

계속 되뇌이면서
그러면서도 가끔씩
법열(法悅)에 취해 있는 듯
다른 것
다른 세상도
확실하게 존재하고 있다고

밤비는 소리를
어둠으로 깨지 않는다

매미 울음소리

허물 속에서
매미의 울음소리가 흘러나온다
맨 처음 벗어버린 그 모습 그대로
미동조차 하지 않고
철저하게 나무에 매달려 울어대는 울음소리
매미는 임종을 모른다
아니 매미의 허물에는 임종이 없다
높은 나무에 매달려 울어대는
매미의 울음소리가
허물 속에서 울려나온다
어둠 속의 7년에 날개를 달고 날아
2주의 목숨은 너무 길다
마음껏 울어보는 거다
살아 있는 몸체에서
허물의 울림으로
주어진 시간을
마음껏 울어보는 것이다
매미에게는 울음도

노래가 되는 까닭이다

질경이 1

죽어도
무엇인가에
미치고 죽는다는 결심
이것이야말로
노숙자와
성공적 졸부의 내적 차이

길가에서 짓밟히며
피워대는 꽃, 질경이는
속된 결심을 한 적이 없다

질경이 2

질경이는
줄기를 가지지 않는다

마디를 가지지 않는다

아무리 짓밟히고
짓밟혀도 질경이는 쉽게
원래의 모습을 되찾아 놓는다

그냥 나오는 대로 마음을 내는

질경이의 거처는
길가, 또는 빈터이다

댕강나무꽃 향기

한 나무 한 가지에서
함께 잎으로 돋아났다지만
그것은 한세상에서 만난 것일 뿐
또다시 어디 가서 만나리라고
보장할 수는 없다
잎새와 잎새가 가진 생명
그 생명의 본체인 마음은
너와 나, 둘이 아닌 것이지만
바람 앞에서 멀어질 듯
그로부터 일어선 마음
너와 나, 둘이 되는 것은 분명하다
저 우람한 나무 끝가지에 매달린
잎새들 하나하나
연약한 가지를 부여잡고
떨어지지 않으려 악착같이 매달려
파르파르르 떨고 있는 모습들
댕강나무꽃만 해도 그렇다
저만큼 떨어져 밀려오는 향기

분명 둘이 아닌 하나지만
하나라서 더욱 짙은 향기라지만
어느 사이 비에 젖고
햇살에 몸을 말리다 보면
날이 맑아지고
바람 지나고 난 자리, 꽃잎
우르우르르 떨어져
한곳에 모여 있는 것이 보인다
그렇게 모여 너와 내가 있고
저만큼에 산이 있고
그 산에서 물이 절로 흘러나와
세상은 향기에 젖어들고 있는 것이다

질경이 3

질경이 뿌리는
참 많다
많은 뿌리에서
많은 잎이 나온다

그러나
질경이는
잎을 세우지 않는다

밟히고 찢기고
그래도 뽑히지 않고
이래저래 산다는 것은
늘, 뿌리가 먼저 알고 있다

장마

너의 얼굴이
점점 어두워지고

드디어 뒷모습이 보이자
큰물이 났다

어떤 대책도 없었다

본격적인 장마가
이제, 시작되려는가 보다

구렁목 바람맛

 요즘, 집 때문에 참 난리입니다 바람맛 때문입니다
 사람이 살아가는 길이 집 위에 있는지, 집 안에 있는지 집 밖에 있는지 집 아래 있는지 도무지 알 수가 없을 정도로 보이지 않거나 찾을 방도가 없습니다 사람이 사는 집을 둘러싸고 있는 것이 담장이라면 담장의 높이가 집 아래에 있거나 집과 동일한 높이로 있거나 아예 없는 경우가 있으련만 사람이 사는 집 위로 담장이 치솟아 있다가 문득 담장 아래에 길이 있다는 것을 알았기 때문입니다 저마다 자기 집 담장을 더 높이 쌓아가고 있는, 그렇게 일이 벌어지고 있는 형편입니다 그러므로 길은 있으되 담장의 그늘 아래에 가려 보이지 않는 것입니다 담장에 가려 집도 보이지 않는 이웃이나 그 아래나 모두 같기는 같은 형국이기는 하지만 가만히 들여다보면 숨 쉬기도 참 어렵게만 생각됩니다 이제는 영혼마저 사라지거나 아예 담장 아래 집 속에 꽁꽁 묻어두어야 할 판국입니다
 그러고 보니 요즘에는 정말 집 때문에 난리날 일도 걱정될 일도 하나 없습니다 구렁목 고개를 넘어오는 바람맛을 알아차리고는 비로소 고향의 그윽한 품에 안겨지고

있다는 것을 조금씩조금씩 깨달아가고 있기 때문입니다
그렇게 구렁목 바람을 마시면 마셔댈수록 목이 깔깔하기도 합니다
  한 세대는 조이 떠났다가 다시 찾은 구렁목 바람맛이 그러합니다

*구렁목: 충남 서천군 시초면 시조도에 위치한 일명 '조실' 마을의 작은 고개로, 그 아래 집에서 태어나 이제는 산애재(蒜艾齋)라 이름하고 살고 있다.

큰비

긴 비가
지나간 자리에서
너에게 편지를 쓴다
썼다가 지우고
지웠다가 다시 쓰다 보면
하늘은 먹구름이었다가
잠시 뭉게구름이었다가
그 자리에 무슨 꽃이 피어났는지
은은히 향기가
밀려왔다가 사라진다

긴 비가
며칠째 계속되어 왔던가
결국 그치고 난 자리
수많은 빗줄기가 남기고 간
지상에는 실금처럼 상처가 남아 있고
보일 듯 말 듯
하늘을 긋고 가는

이름 모를 새 한 마리가
섧게 울면서 비껴 날아간다
어디로 향하는 것일까

한 사람의 일생이,
일생의 하루가 날아가고 있다

진보적인 밥상

친구로부터 카톡이
배달되었다
사진 한 장 속에
햇감자 세 알, 홍당무 세 쪽, 사과 세 쪽, 계란프라이 한 개, 울긋불긋한 야채 샐러드 한 접시, 그리고 우유 한 잔
가득 차려졌다
그렇구나, 진보적인 밥상
그것을 다 알면서도
미처 실행하지 못한
모든 것을 온전히 실천하면
우리의 평상심은 올바른 밥상이 된다

이른 아침 친구로부터
푸짐하게 잘 차려진 밥상이 배달되었다

제4부

어둠 속의 별

잠 속의
빛이라면
나는
어둠 속의
별일래

해가 가고 달도 가고 없는 날 저녁

여린 이슬 한 방울
굶주린 새 한 마리와 함께 먹이를 찾아 캄캄한 하늘을
이리저리 헤매다가 만난 별
그런 어둠 속의 별일래

한가위 전날에

하루종일
가을비가 내리더니
서쪽으로 넘어갈 무렵에서야
해가 마지막 혼신의 힘을 모아
앞산의 소나무숲에 내려앉았다
어두워지던 천지가 일순 환해졌다
어디선가 물 흐르는 소리가
나긋나긋 들려오는데
일찌감치 비를 피하던 산새들이
깃을 치며 제 집을 찾아들고
그때마다 나뭇잎에
옹기종기 매달려 있던 물방울이
소나기처럼 세차게 쏟아졌다
고즈넉해진 소나무숲과
어스름해지는 하늘빛이 어우르자
저녁 식사를 마친 건너 집에서
떡살을 찍어내는 소리가
서두르듯 들려오고

찌걱찌걱, 물기 젖은 큰 달이
부드럽게 어둠을 물리면서
들녘 위로 솟아올랐다

늦가을 오후

슬픈 생각이
아픔에 깊이 쌓일수록
능금알은 붉어가고 있다
점점 더 붉어갈수록
어느 한켠에는
지난날이 하나하나
푸르러니 새겨져 있다
겉보기에는 푸르름이
맑은 웃음처럼 보이지만
비를 맞고
바람에 에이던
아픔과 슬픔의 순간들이
천둥 번개처럼 스치운다
군데군데 상처처럼
하얗게 남아 있는 반점들
한 점 물방울처럼
혹은 유리구슬처럼
가장 향기로운 맑음 하나로

붉어지고 있는 능금알
아늑한 늦가을 오후
햇살 한 줌 포근히
둘러 감싸듯 얹혀 있다

꺼진 폰 앞에서

도대체 무슨 일 있는 것일까?
대답 없는 폰 속에서는
낙엽 구르듯 스산한 바람만 밀려오고
지친 하루의 마지막 일과는
지평으로 기우는 햇살처럼
축 늘어진 양 어깨에 매달린다

차라리 지난날들을
추억처럼 슬픔이게 다스려 볼까
한길의 발걸음들은 빨라지기 시작하고
가로수에 앉은 한 마리의 새
귀소를 다그치듯 후드득, 날개는 바삐가는데

아, 나를 사랑할 줄 안다면
나를 잘 지켜야 한다지만
남을 가르치듯 마음하지 못하면서
나를 잃고, 찾아 헤매기를 되풀이하고
나는 왜 나의 발걸음을 지치게 하는 걸까

거듭으로 부르고 불러보아도
폰에서는 아무런 대꾸도 없고
새삼 잃어버리고 살아왔던 일까지
더욱 깊은 슬픔으로 되살아난다
이적지 만나본 적 없는 나의 황지(荒地)

대꾸 없는 폰을 들고
지나는 바람을 나무라면서
바람에 마냥 흔들리고 있으면서
이름 모를 풀, 가늘한 이파리 위에
문득 떨어지는 눈물 한 방울
저녁 이슬인 양 살짝 얹어놓는다

사독(肆毒)한 새싹

모두를 말하자면
한량이 없고, 끝없는
사랑이란 이루어질 수 없는 것

바람과도 같다
멀리 가버리어 잡을 수 없지만
그 뒷모습이 안 보일 정도로
보일 듯 말 듯 희미하게
되살아나는 것

추궁하면 결국
뿌리는 하나가 된다
기다림마저도 무용(無用)을 이루고
따르지 못하는 인연 끝에
하늘과 땅은 최종 목적이 될 수 없다

잎과 꽃잎이
업보(業報)처럼 얽히고 설킨

상사화, 그 짙푸른 새싹

세상의 뜬구름 앞에서
얼마나 기다려 왔던가
엷고 희미하게 가슴앓이로 살아남은
유일무이한 꽃송이
이 세상의 끝에, 있었던가, 없었던가
바람 같은 머무름도 이제는 일이 없다

스스로 벗어나는
무아(無我)에 얽매이지 않고
마음대로 할 수 없는
사랑의 본질은 본성을 깨닫는 일
간엷고* 고웁게

차마 드러낼 수도
들여다볼 수조차 없이
있는 듯 없는 듯, 그러나

분명하게 존재할 양으로 자꾸만
도져 나오는, 그 사독한 새싹

*몹시 가늘고 연약하다.

옻순을 먹으며

며칠 전 아내가
밖에 나갔다가 들어오더니
어디선가 옻순을 얻어왔다
나이가 점점 쌓여 가면서
시시콜콜 다툼할 일이 많아지곤 하는데
참, 기가 막히는 건
아내나 나나
옻순을 아무리 먹어도
옻을 안 탈 뿐만 아니라
그 감칠한 식감을 즐겨온 터라
술 한 잔 할 참으로 데쳐 달라 했다
찜기에 살짝 순만 죽여서 먹는 것이
최고로 맛있다는 것을 알아 들어온 터
일찌감치 집에서 담근 오갈피 술을 준비하고
식탁 위에서 데친 옻순을 대기했다
남들은 옻 알러지 반응으로
약국에 가서 옻 알러지 예방용 약을 사서 먹는다는데
아예 천 리 만 리 달아나기 일쑤인데

아내와 난 모처럼 마주하여
옻순을 맛나게 먹었다
생각 같아서는
토종닭 한 마리 구해다가
푹푹푹 펄펄펄펄 끓여
시원한 국물맛도 보고 싶었지만
우선은 위장을 참 좋게 하고
몸을 따듯하게 만들어 준다는 옻순
요즈음 코로나19 때문에
현관문조차 함부로 열 수 없는
기혈의 순환이나 잘 돌게 하려고
그것도 빨리 돌게 하려는 욕심에서
오갈피 술 몇 잔을 거푸 마셨더니
숙취 해소에 물론 이만한 거 없다는데
마주한 아내의 얼굴이 빙빙 돌아
옻순의 맛이란 바라보는 족족
빙글빙글 돌게 만들 만큼
온 세상이 데쳐짐을 처음 알았다

옻은 봄싹은 데쳐먹고
여름 순은 익히고
가을잎은 삶아먹어야 진미를 알 수 있다니
입맛의 수확도 가을철이라는 걸
봄부터 알고 먹어야 한다는 걸 처음 알았다

겨울 연방죽에서

그동안
그럭저럭 참고 살았는데
더 이상 참을 수 없었던 것이지요
단 하루도 빠짐없이
쌓이고 쌓여왔던
모든 미혹들이 차례로 사라져
망념에서 벗어나게 될 때
모든 마음을 꽉 채우면
번뇌도 겨울바람 속의 잔물결처럼
조금은 흔들릴 뿐이지요 오리 떼들의
물갈퀴가 오히려 반갑기만 하네요
생기고 사라지는 온갖 것들이
눈이나 귀를 통해 볼 수 있는 게 아니지요
오로지 잔물결 속에서
아픔처럼 느끼며 아픔이란
훨씬 더 큰사랑이란 걸 알게 되었으니까요
그래요, 아픔을 질긴 뿌리로 한
사랑야말로 진정한 사랑이지요

조금 마음을 내어
지난여름 내내 호기로 살아왔던
꼿꼿한 머리를 숙이며
물속을 거울로 바라보는 것이야말로
한겨울을 참아내는 아픔이니까요

다시, 겨울 연방죽에서

보고 듣고
냄새 맡고 맛보고
느끼고 생각하는
모든 것이 분명해지는구나
구름 지난 하늘은
파란 몸을 드러내 놓고
푸르던 나무는
모두 겉옷을 벗어던진 채
연방죽에 잠겨든 지 이미 오래다
지상의 모든 것들이
고개를 숙여
물속의 제 그림자를 굽어보고 있다
그 위에 내린 연 열매와 연잎
시장기조차 잃어버린 채로
공손히 허리 굽힌 몸짓이구나
거울처럼 맑다 누런 것은 누렇게
흰 것은 희게 보인다
텅 빈 곳처럼 맑고 넓은데

오, 사랑이여,
아무리 깊다 해도
순수한 그 하나를 얻지 못한다면
어찌 흐리고
맑음을 가릴 수 있을까

가을날에

가을날, 마른 잎이
우련히 떨어지는 것은
겨울이 다가오기 때문이 아니다
여름날 지나치게 주제넘던 시간들
아직 가슴에 남아 있기 때문도 아니다

그동안 불어오던 바람들이
미련 없이 양변으로 떠나버리고
그동안 내세우던 일들이
아련히 살아날 때마다
점점 아리게 저려오는 이 가을

지나보면 발 저리듯
떳떳하지 못한 생각이 드는
이 가을, 고인 물조차 너무 맑아
푸른 하늘 고스란히 잠길 때마다
휜 가지의 붉은 열매들이 외려 슬프다

점점 더 말라가는 잎
무수히 떨어질 일만 남은 이 가을에
죽었거나 살았거나, 이 세상에서
가만히 있는 것은 아무것도 없다지만
짐 벗을 가을날이 오히려 다행스러워진다

헛된 모양

태어나서
제 나름으로
모양을 만들며
살아가고 있다지만
모양이 있는 것은
아무리 아껴 봐도
결국 없어지는 것이 아니겠는가

이치에 맞지 않거나
알맞은 정도에서 벗어나
하루하루 내 몸을 꾸미고
다시 모양에만 치우쳐서
모양 때문에
난 매일 헛된 모양을 낸다

발밑
내 그림자는
온종일, 길었다 짧아졌다

어둠을 만나
어둠 속에 사라지고 만다

가량(假量)도 없다

해마다
꽃샘추위가 와서
마악 벙글기 시작하는 백목련은
밤새 어둠 속에서 얼어버릴 것인데
오늘 밤이 걱정은 걱정이다
아침맞이가 아무래도
두려워진다, 백목련 꽃숭어리
이러니저러니 하더라도
피할래야 피할 수 없고
숨을래야 숨을 수 없는
완성은 여전히 멀다
맑은 아침 햇살에
그대로 녹아버리고
봄 한층 가까이서
벌겋게 축, 사그라들게 된다
다시 꽃 필 날은
삼백예순다섯 날 뒤
지난 시간들이 헛되고 나면

앞으로의 시간에
대강이 없는 지금
어둠이 깊어지면
꽃샘추위가 한량(限量)을 다하고
한창 벙글기 시작할
백목련 꽃숭어리
창밖에서는 어떤 가량(假量)도 없다

가증한 허세

나는 한때
내 발바닥 밑으로
자잘한 뿌리를 뻗어 내린 적이 있었다
한 발자국 한 발자국
내디딜 때마다
은근슬쩍 드러내고 싶었던
내 뿌리를 꺼드럭거리듯 뻗어 내렸다
그러다가 문득 돌아보고는
그만, 소스라치게 놀라고 말았다
발자국, 발자국들이
다른 발자국들과 부딪치다가
속도를 높인 차바퀴에 짓이겨져
마침내 로드킬로 전신이 허물어진
날쌘 길고양이의 사지(四肢)처럼
짓이겨 점점 산화되고 있음을 보았다
내 발자국의 뿌리가
점점점점 지중분해되고 있음을 보았다
아, 그동안 내 발자국의 뿌리는

얼마나 꼴사나운, 가증한 허세였던가
한 발자국씩 뗄 때마다
실속 없이 까닭 없이 부풀린 기세더니
점점 사라지는 걸 바라보는데
멀쩡하던 대낮이 어둠과 함께
귓불을 후려치는 찬바람과 함께
함박눈이 쏟아져 내렸다
퍼뜩 정신을 차리고 보니
내 발자국의 뿌리 마지막까지
사치스럽게 흩어지고 있었다

혼밥의 아침 커피

컴퓨터를 켠다
궁상맞게스리 세레나데 모음곡을
불러들인다 커피의 적정 온도는
6, 70도라지만
어느덧 종심(從心)을 넘어버린 내 나이에도
굳이 절정에 이르도록 물을 끓여 놓고
창으로 들어오는 봄처럼
아침 햇살로 등덜미를 덥힌다
지금까지도 이렇게
내 몸이 덥혀질 수 있는 것은
혼밥 끝에 마시는
아침 커피 때문일까
햇살 때문일까, 컴퓨터에서 외쳐 부르는
세레나데 때문일까

머언 날 밤, 아스라한
창가를 서성이던 달빛 하나가
바이올린 선율처럼

내 눈에서 뜨겁게 툭, 떨어진다

낙화를 바라보며

꽃잎 위로
바람이 분다
한때는 칼날이더니
햇솜이더니 후끈, 달아오른다
꽃잎이 하나둘, 질 때마다
알알한 그리움
꽃잎 진 자리에서
향(香)은 손으로 잡을 수조차 없다
선물로 받은 상품권 같은
쓰리고 아픈 잎이
슬그머니 돋아난다
아, 내 집은 내 안에 있다
네가 없어도
사랑하는 법을 가꾸고
북돋우며 살아야겠다
입하의 꽃잎에 일던
바람 한줄기,
방울방울, 눈물처럼

흔들리며 떨어진다

굴향기

느끼는 만큼
맛의 세계가 다가오고
급히 서두르지 말고
천천히 익히면 날마다
새로운 맛은 절로 다가오는 것

향기란 본래의 마음이며
본래 가지고 있는
밝은 물이다
귀를 기울이지 않고
목소리를 높일 때에도
마음으로도 물려주지 못한 채
저절로 흘러버리는 것

어떻게 내가 있고 네가 있으리오

천 개의 강물
만 개의 냇물을 다 받아들이는

바다로부터 오는 것
푸른 빛 다름없는 굴 냄새
짠맛 또한 고소한 맛
그대로 세상을 품은
분명한 화엄(華嚴)의 향기

추어탕을 먹으며

비록 적게 가졌어도
나눌 줄 알아야만 기도가 된다
기도는
나를 만나기 위한 보신(補身)
나의 이름을
마음 가득 채우려는 순간
모든 인연은 다 끊어지고 만다

환절기를 만나
나의 기력은 지금 쇠(衰)하는 중
빠듯하고 여유 없는 생활 속에서
소박한 곳을 찾아 나서다 보면
하루하루 쌓인 아픔들이
어느 사이 나의 상처가 된다
부글부글 탕(湯)이 끓어오르듯
모든 것들이 한꺼번에 부풀어 올라
매사가 매끄럽지 않거나
개운치 않은 느낌에 빠져든다

이러할 때
모든 인연들을 앞세우면
한(恨)이 서원(誓願)으로 바뀔 수 있을까

갈바람 맞은 우듬지가
매달린 낙엽을 가차 없이 쏟아버리듯
벗어나고 싶은 욕구에만
깊이 빠져버리는
환절기의 극빈한 모습
어디서 생겨나는 기력이 저러할까
베푸는 행위로 기도하듯
아픔을 기반으로 하는 사랑은
진정한 사랑이 되는 것

환절기의 기력에 겹쳐 보태듯
내 마음을 꽉 채우고
아픔조차 알지 못한 채로

일체의 분별이 끊어지고 있다
펄펄 끓어오르는 추어탕을
한 수저씩 입안에 떠 넣으면서
세상의 아픔을 거두어들이듯
몸보신하듯, 가슴 깊이
뜨거움을 재워 놓기로 한다

가붓한 나무

나무의 무게는 뿌리에 있다

무게가 조금 가볍다
천지가 생기기 전부터
천지가 멸한 후에
쓰고 써도 다함이 없는
나무의 무게
보이는 것보다는 보이지 않는 곳에
무게를 둘 필요가 있다
바람과 늘 함께하는
가붓한 나무
가지가 많은 나무임에 틀림없다

명견 사모예드

네 얼굴을 마주하다 보면
쫑긋 서 있는 귀로서
얼음장 밑 물 흐름 소리가 들리고
아몬드 모양의 검은 눈[眼] 속에
이글루의 눈[雪]내림을 짐작할 수 있겠다
하룻강아지처럼
인과(因果) 없이 즐거워하는 일은
말하지 않아도 듣지 않아도
네가 머금고 있는
신비로운 웃음과 마주하면 넘쳐나겠다
러시아 북부, 아니 시베리아
혹한의 눈보라도 네 앞에서는 아우라
유목민 사모예드족, 그 이름만으로도
온몸을 뒤덮은
순백의 두터운 털은
순결한 외로움과 그리움의 표상이 된다
앞가슴과 목둘레를
휘두르듯 감아 내린 부드러움은

차라리 우아함이어라, 사모예드
이누이트 이눅슈크** 앞에서
어리광을 피우며
장난하며 놀던 일을
이제는 기억할 일이다
네 얼굴을 마주하다 보면
희부연한 오로라에도 두 눈이 부셔온다

*사모예드(Samoyed): 시베리아 지방의 사모예드족이 데리고 다니던 개, 스피츠(spitz)
**이눅슈크(inukshuk): 북아메리카 극지방의 이누이트족, 유픽족, 이누피아트족 등의 사람이 쌓은 돌무더기. 알래스카부터 그린란드에 이르는 지역까지 발견되는데, 이정표나 사냥터의 표시로, 또는 음식 저장소로 쓰여 왔다.

남은 잎

잎은 다 떨어지고, 남은
잎은 지금 어디로 가고 있는 것일까

더 무엇을 찾아
어디로 가고 있는 것일까
더 무엇을 찾아보는 것을 원하는 것일까

떨어진 자리, 돋아난 자리
본래 분별하지 아니하고

한 발 내딛고 나면
생각은 이미 끊어진 세계
어느 곳을 골라 돌아가길 바라랴

본래 지니지 않았음에, 남은
잎 또한 머물 곳이 전혀 없는 것일까

시인의 산문

짙푸른 잡초가 지구를 살린다

　진정한 경험을 진술하기에 적합한 언어는 꿈속의 언어나 신화와 종교의 상징이다. 만일 우리가 내면적 현실에 침투하고자 한다면, 우리는 습관적인 언어를 잊어버리고 상징주의의 잊혀진 언어로 생각하려 한다.
　—에리히 프롬, 『인간의 마음』(문예출판사, 2002)

　시를 쓰면서 시작되는 고민 중의 하나는 어떤 언어를 시어로 선택하여 한 편의 시로 이끌어나갈 것인가라는 문제이다. 그것은 시어가 일상생활에서 쓰이는 일상어와 쉽게 구별할 수가 없기 때문이다. 일상어가 시에 쓰이면 곧 시어가 될 수 있는 것이 아니겠는가. 그것은 잡초와 야생화를 굳이 구별하는 것과 마찬가지가 아닐까.

　바람이 불고, 연이어 며칠 계속 비가 내리고, 간간이

햇살이 돋아나기를 거듭하니 잡초는 그야말로 신이 난다. 하루가 다르게, 아니 몇 시간만 지나면 몰라보게 자라난다. 고르지 못한 날씨는 잡초에게 최고의 날이 된다. 그러나 야생화에게는 최악의 날씨. 잡초가 그칠 줄 모르는 성장력으로 쑥쑥 자라나기를 거듭하는 사이 야생화는 겨우겨우 목숨을 부지한 채 예쁜 꽃송이를 겨우겨우 매달고 있다. 잡초가 자라면 자라날수록 그 사이에 뿌리를 박은 야생화는 웅크려드는 줄기와 잎 사이로 겨우겨우 초라한 꽃송이를 피워 올린다. 그 모습을 바라보고 있으면 울컥 안타까움이 치솟아 오른다.

잡초를 뽑아내려고 마음한 지도 며칠이 지나서야 비는 그친다. 햇살은 밝고 맑게 솟아오른다. 잡초는 정신없이 하루가 다르게 잘 자란다. 그 속도는 상상하기조차 어려울 정도로 빨리 자란다. 주춤주춤한다면 그만 모든 야생화는 잡초에 짓눌려 그만 치명상을 입을 것이 불을 보듯 뻔한 일이다. 잡초를 제거하기에 서둘러대야만 한다.

그러나 잡초 뽑기에 서둘러서 되는 일이 아니다. 서둘러 뽑는다고 하여 잡초가 잘 뽑혀질 수가 없다. 야생화 사이 잡초 뽑기를 서두른다면 자칫 야생화마저 뿌리째 뽑혀질 수가 있기 때문이다. 줄기 하나하나 잘 찾아내고 야생화와 잡초의 뿌리가 서로 엉켜져 있을 때 자칫 잘못하면 잡초의 뿌리가 아닌 야생화를 뿌리를 함께 뽑아낼 수 있다. 그뿐만이 아니다. 야생화와 잡초의 생김생김이 서로 비슷하기도 하다. 잡초인 줄 알고 뽑아내고 난 다음에서야 야생화를 뽑아낸 적이 한두 번이 아니다. 야생화와 잡초의 생김생김이 서로 엇비슷한 것이 하나둘이 아니다.

 잡초를 뽑아내는 자세 또한 어렵기는 더욱 어렵다. 허리를 완전히 굽힌다면 자칫 야생화를 짓눌러 버릴 수가 있고, 그렇다고 서서 잡초를 뽑아낼 수는 없다. 그러하거니와 야생화 사이 잡초를 뽑아내기 위해 엉거주춤 허리를 굽혔다 폈다를 거듭해야만 한다. 너무 어렵다. 잡초를 뽑다 말고 자주 몸을 일으켜 허리를 다독여 주지 않으면 밤새워 끙끙 앓아야만 한다. 야생화 사이 잡초를 뽑다가 푸른 하늘을 바라보면서 왜 야생화를 심어 놓고 이리 생고생이란 말인가 하는 생각이 절로 일어나기를 몇 번이나 되풀이하였는지 모른다. 그러면서도 잡초에 짓눌린 야생화를 바라보면 또다시 허리를 굽히며 호밋자루를 잡아 몇 번의 힘을 주곤 한다. 그리고 며칠 후 오롯이 꽃송이를 들고 나서는 곧 온갖 빛깔로 터뜨린 야생화의 꽃송이를 바라보면 절로 저절로 가슴이 환하게 열린다. 바로 이 때문에 야생화를 살피는 것인지도 모른다.

 산애재에서 잡초를 뽑아내다 보면 제멋대로(?) 태어나

서 어엿하게 자리 잡아 자라나고 있는 일상어(日常語)들과 같다는 것을 느끼곤 한다. 하루하루의 생활 속에서 전혀 '너'와 '나'를 의식조차 하지 않은 채로 절로 사용되어 만나는 사이에 '나'를 만나고 '너'를 만나고, '너'와 '나' 사이에 마음을 전하고 있으면서도 전혀 의식되지 않고 사용되는 일상생활의 언어들은 분명한 잡초임에 틀림없다. 언어는 일정한 터전을 이룬 우리의 일상에 자리하면서 왕성하게 번지어 나간다. 어느 때는 그 뜻조차 모르고 사용하였다가 서로의 마음을 나누는데 걸림돌이 되기도 한다. 아름답고 즐거운 마음조차도 송두리째 잃어버리는 우(愚)를 범하게 하는 등 일상어는 우리 사이에서 참회의 눈물을 흘리게 하기도 하지만, '너'와 '나' 사이의 관계를 더욱 더 밀접하게 해주면서 부드러운 정서를 구축하게 한다.

  모든 체험은 일상어로 기억되고 자리하게 마련이다. 체험 속의 언어는 특별한 것이 아니다. 일상적인 어떠한 사태로부터 어려운 일을 가졌을 때 그 일을 해결하기 위해서 서로 머리를 맞대고 자신의 뜻을 밝힐 수 있는데, 이때의 과정은 오로지 일상어로 이루어진다. 그러한 가운데 우리는 언어로 복잡한 뜻을 나타내면서도 서로의 의견을 언어로 교환하여 서로 보다 나은 방향을 모색하게 한다. 이 경우 '나'의 지혜로움은 '너'를 이끌게 되어 모든 사람의 지혜가 한 사람의 지혜로까지 이르게 된다.

  시의 언어는 일상어의 꽃이다. 잡초와 같이 왕성하게 자라난 일상어가 일단 시어(詩語)로 등장하면 야생화처럼 피워낸 꽃이 된다. 이른바 일상어에서 발전을 거듭하면 시에 있어서의 시어가 된다. 일상생활에서 체험을 통하여 이어받은 언어는 기술이나 지식 따위를 바탕으로 하여 그 위에 더 높을 정도로 다시 새로운 발전을 거듭하게 되는데, 그것이 곧 언어의 힘이다. 바로 시어가 가지는 위대한 힘이다.

  일상어는 우리가 이 세상에 태어나면서부터의 오랜 우리 경험과 지혜가 다 담겨 있다. 지극히 짧은 동안에 무한이라 해도 좋을 정도의 일상어로부터 어마어마한 지혜를 몸에 지니게 된다. 지혜뿐만이 아니라 아름다움과 슬기로움, 그리고 전혀 경험하지 못한 새로운 세계에 대한 꿈도 일상어로서 이루어 놓기도 한다.

  그러나 시를 쓸 때마다 허공에 맴도는 양 보일 듯 말 듯 한 새로운 세계에로의 언어를 만나기란 그리 쉬운 일이 아니다. 단 하루 잠시라도 언어를 떠나서는 살 수 없듯이 언어의 일상어의 사용은 끊임없이 이어진다. 그 많은 일상어들이 쉬지 않고 이어지면서 자신을 표현하고 있는데, 왜 시어(詩語)로 차용하기가 그리 어렵기만 한 것일까? 일상적으로 사용하는 언어는 사용하는 사회의 구성

원끼리 약속에 의하여 이루어진다. 그 이미지로의 언어는 이미 강제적으로 보편화되는 것으로 시는 보편화를 재현하면서 사상에 활기를 주고, 다시 말하자면 우수한 실제, 실제의 세계보다 고귀하고 더 선택된 새로운 세계를 낳게 하기 때문이다.

아기들이 '엄마'라는 말을 배우기 위해서는 '엄마'라는 말에 1,000회 이상 노출되어야 한다고 한다. 이른바 잡초와도 같은 언어의 일상어 속에 조화로이 함께해야 한다. 그러므로 세상에 갓 태어난 아기들은 소리에 주의를 기울이고, 조음기관을 통하여 다양한 소리를 내기를 좋아한다고 한다. 그것은 곧 '옹알이'다. 아기들은 이 옹알이를 통하여 여러 말소리를 다양하게 만들어 내는 연습을 시작한다. 이 옹알이가 어느 정도 체계와 패턴을 갖추고 여기에 의미가 덧붙여지는 경우 아기는 처음으로 언어를 산출하게 된다. 잡초 사이에서 야생화 꽃을 피워 풀밭을 아름답게 장식해 놓고 있는 것이다.

일상어가 지시하는 이미지를 형성하고 다시 개인으로서는 도저히 이룰 수 없는 터전(言語 社會) 위에서 또 다른 일상어를 계속하여 구성해 놓는다. 일상어는 단순한 것이라 하더라도 한 개인이 그 짧은 형성에 이를 수 있는 것보다 무한이라고 할 수 있을 정도로 높은 말의 이미지를 나타내고 있기 때문이다. '우리[言衆]' 사이에서 '너'와

'나'는 일상어에 의하여 서로의 뜻을 통할 수 있고, 그렇게 함으로써 서로의 새로움을 창출해 나갈 수 있으며, 또한 효율적인 효과를 얻어갈 수 있다.

'너'와 '나' 사이에 갈무리된 일상어는 모든 '우리'에게는 공통적이고, 그리고 일상어 짜임은 그것을 사용하고 자라는 모든 '우리들'의 정신을 좌우하는 힘이 있어서 대체로 모두 비슷한 생각 방식을 가지게 한다. 그러므로 일상어는 그것을 사용하는 구성원 자체와도 밀접한 관계를 가지게 된다. 따라서 시어(詩語)는 모든 '우리'들이 서로가 서로의 의미를 공통적으로 가질 수 있으며, 시어 또한 보편적이요 객관적인 의미를 가짐으로써 모든 우리의 공통적인 의미에 집결할 수 있어야 한다. 따라서 잡초와도 같은 우리의 모든 일상어는 반드시 시어로서의 변용(變容)을 도모하게 할 뿐만 아니라 그 일상어로부터 새로운 이미지를 창출할 수 있도록 해야 한다.

일상어는 이미 가지런히 정리하거나 모아서 보관된 언어의 구조를 갖고 있다. 이러한 일상어가 자라는 동안 우리의 생각의 곬을 만드는 힘을 갖고 있으며, 그 일상어를 드러내 쓰고, 드러내 쓰인 언어를 통하여 갈무리하는 활동을 끊임없이 계속하게 된다.

이와 같은 일상어는 '너'와 '나'의 정신 활동의 원천을 이룬다. 언제 어디서니 자유자재로 사용하여 자신의 뜻을 나타내고, 너와 나의 소통을 길을 이루어 준다. 그러므로 자칫 소중하되 소중하지 않은 언어로 인식될 될 수 있는 상호간에 이해를 돈독하게 하기 위하여 단순한 교환 수단으로서만 사용되기도 한다. 그러나 일상어는 인식될 수 있는 인간 정신의 내적 힘에 의해서 '너'와 '나'의 중간에 놓지 않으면 안 될 참다운 언어라고 말할 수 있다.

 간밤의 어둠은 유난히도 길다. 비바람이 몰아친다. 양철 지붕을 두드리는 소리가 별스럽게도 거칠다. 그러나 그 소리는 잠시 후에 뚝 그친다. 시각을 살펴보니 이미 01시를 넘고 있다. 밖의 사태를 걱정하면서도 점차 몰려오는 잠을 이기지 못하고 있는데 어느 사이 창밖으로 서서히 밝음이 찾아온다. 요란스러운 밤의 어둠이 지나고 아침이 온다. 밝은 아침이다. 간밤의 비로 인하여 깨끗이 씻긴 아침이다. 유리창 너머로 보이는 아침에 눈부시다. 슬그머니 현관문을 열고 밖으로 나간다. 가슴속까지 산뜻하게 밀려오는 기운이 온몸을 시원하게 맞아준다. 눈부신 햇살이 어제보다도 밝고 맑다. 눈부실 정도다. 뜨락 끝으로 이어진 잔디밭의 푸르름에 힘이 넘친다. 울타리 너머로는 온통 푸르름이다. 짙푸른 잡초의 터전이다. 이 같은 날이라면 잡초 뽑기에 최적이다. 다소 잡초의 잔뿌리에 흙이 달라붙어 털어내기가 어렵기는 하지만 잡초의 뿌리가 잘 뽑히니 참 좋은 날이다.

야생화는 잡초 사이에서 제 아름다운 꽃을 피울 수 없다. 야생화가 가지는 아름다운 꽃을 피울 수 없을 뿐만 아니라 잡초 사이에서 제대로 자라나지도 못한다. 야생화라 불리는 꽃을 심어 놓고 보면 야생화 사이에서 잡초가 먼저 무럭무럭 자라나고 있다. 뿐만 아니라 작물 사이의 잡초처럼 야생화의 성장을 가로막으면서 아름다운 꽃을 피우기는커녕 오히려 야생화의 생명에 위협을 가하고 있음을 볼 수 있다. 잡초의 무서운 번식력은 야생화의 성장을 막아버린다. 그렇다면 잡초와 야생화는 어떻게 구별 지어지는 것일까. 잡초는 가꾸지 않아도 저절로 나서 자라는 여러 가지 풀들을 말한다. 야생화는 산이나 들에 저절로 피는 꽃을 이르는 말이다.

그러나 야생화 사이에서 잡초를 골라내기란 그리 녹록하지 않다. 야생화 또한 본래부터 잡초의 하나였기 때문이다. 잡초를 뽑아내려 할 때 사람들은 굳이 야생화와 구분하려 한다. 야생화는 잘 자라나도록 보살펴 주고, 잡초는 송두리째 뽑아내려고만 한다. 야생화라 불리어지는 잡초에서 바라보면 반가운 일이겠지만 뽑혀지는 잡초에서 바라보면 비참하기 이를 데 없다.

잡초는 사라지지 않는다. 두 눈 앞에서 뽑히는 것은 분명 잡초지만, 뽑아낸 자리에서 잡초는 다시 뿌리를 내린다. 잡초는 좀처럼 사라지지 않는다. 그렇다. 잡초는 뽑아내고 뒤돌아보면 어느 사이 자라나 있다는 말을 실감한다. 참으로 놀라운 일이다. 어쩌면 그리도 빠른 성장을 보이는 것일까. 잠시라도 한눈을 팔면 시간과 공간을 가득 메워버리는 잡초, 그 힘이 어디에서 솟아 나오는 것일까. 짙푸른 잡초는 아무리 뽑아도 사라지지 않는다. 야생화도 잡초 사이에서 보아야 제대로 꽃같이 보인다. 일상어가 시 속에서 잘 자라난다면 어엿한 시어가 되어 짙푸른 한 편의 시작품으로 탄생되어진다. 짙푸른 잡초가 지구를 살린다.

솔숲, 정자 하나

2024년 11월 11일 초판 1쇄 펴냄

지은이 _ 구재기
펴낸이 _ 양문규
펴낸곳 _ 詩와에세이

신고번호 _ 제2017-000025호
주　　　소 _ (30021)세종특별자치시 조치원읍 충현로 159, 상가동 107-1호
대표전화 _ (044)863-7652
팩시밀리 _ 0505-116-7653
휴대전화 _ 010-5355-7565
전자우편 _ sie2005@naver.com
공 급 처 _ 한국출판협동조합
주문전화 _ (02)716-5616
팩시밀리 _ (031)944-8234~6

ⓒ구재기, 2024
ISBN 979-11-91914-69-6 (03810)

* 지은이와 협의하여 인지는 생략합니다.
* 이 책 내용의 전부 또는 일부를 재사용하려면 반드시 지은이와
  詩와에세이 양측의 동의를 받아야 합니다.
* 책값은 뒤표지에 표시되어 있습니다.